AF456542

1882, 2 février

Vente du Jeudi 2 Février 1882,

A DEUX HEURES,

HOTEL DROUOT, SALLE N° 5.

TABLEAUX

MODERNES

EXPOSITION PUBLIQUE

LE MERCREDI 1er FÉVRIER 1882

De une heure à cinq heures

COMMISSAIRE-PRISEUR

Me PAUL CHEVALLIER, Succr de Me CHARLES PILLET

10, RUE DE LA GRANGE-BATELIÈRE

EXPERT

M. DURAND RUEL, 1, rue de la Paix

CATALOGUE

DE

TABLEAUX

MODERNES

DONT LA VENTE AURA LIEU

HOTEL DROUOT, SALLE N° 5

Le Jeudi 2 Février 1882

A DEUX HEURES.

COMMISSAIRE-PRISEUR

Me PAUL CHEVALLIER, Succr de Me CHARLES PILLET

10, RUE DE LA GRANGE-BATELIÈRE, 10

EXPERT

M. DURAND RUEL, 1, rue de la Paix

Chez lesquels se trouve le présent Catalogue.

EXPOSITION PUBLIQUE : le Mercredi 1er Février 1882,

De 1 heure à 5 heures

CONDITIONS DE LA VENTE

La vente sera faite au comptant.

Les adjudicataires payeront *cinq pour cent* en sus des enchères.

Paris. — Typ. Pillet et Dumoulin, 5, rue des Grands-Augustins.

DÉSIGNATION

ANTIGNA

1 — L'Accouchée.

Haut., 73 cent.; larg., 54 cent.

ARANDA

(YIMENEZ)

2 — Scène de mœurs espagnoles.

Haut., 48 cent.; larg., 75 cent.

BOUDIN

3 — La Meuse.

Haut., 65 cent.; larg., 95 cent.

BOUQUET

4 — Paysage.

Faïence grand feu.

Haut., [illegible]9 cent.; larg., 33 cent.

BOUQUET

5 — Paysage.

Faïence grand feu

Haut., 16 cent.; larg., 20 cent.

CALAME (A.)

ET

VERBŒCKHOVEN (EUGÈNE)

6 — Paysage suisse avec animaux.

Haut., 44 cent.; larg., 51 cent.

COMTE

(C.)

7 — L'Echo.

Haut., 73 cent.; larg., 53 cent.

CRABEELS

8 — Retour d'une Kermesse.

Haut., 24 cent.; larg., 31 cent.

CUNO

(Mlle PAULINE)

9 — Glaïeuls, pêches et raisins.

Haut., 82 cent.; larg., 60 cent.

CUNO

(Mlle PAULINE)

10 — Coquelicots, pots à grès, chapeaux de paille sur une table.

Haut., 53 cent.; larg., 73 cent.

CUNY

11 — La Perruche.

Haut., 55 cent.; larg., 46 cent.

DESBORDES

(Mlle)

12 — Fleurs aiguières sur une table.

Haut., 77 cent.; larg., 59 cent.

DESJOBERT

13 — Paysage.

Haut., 35 cent.; larg., 25 cent.

VOS

(DE)

14 — Chiens ratiers.

Haut., 18 cent.; larg., 24 cent.

VOS

(DE)

15 — Chiens aux aguets.

Haut., 18 cent.; larg., 24 cent.

DUNCAN

(Mlle)

16 — Chiens et tourterelles.

Haut., 80 cent.; larg., 57 cent.

FERRERE

(CÉCILE)

17 — Tête de femme.

Haut., 65 cent.; larg., 54 cent.

GÉRARD

18 — Le Jardinier.

Haut., 51 cent.; larg., 37 cent.

GIRARD

(FIRMIN)

19 — Voiture attelée.

Haut., 19 cent.; larg., 30 cent

GŒTHALS

(BARON)

20 — Effet de neige.

Haut., 60 cent.; larg., 80 cent.

GOUPIL

(JULES)

21 — Sous le Directoire.

Haut., 101 cent.; larg., 61 cent.

GOUPIL

(JULES)

22 — L'Envoi du bouquet.

Haut., 56 cent.; larg., 40 cent.

GOUPIL

(JULES)

23 — La Lettre surprise.

Haut., 66 cent.; larg., 80 cent.

HAMMAN

24 — La Bénédiction.

Haut., 59 cent.; larg., 73 cent.

HEREAU

(s.)

25 — L'Orage.

Haut., 67 cent.; larg., 100 cent.

INNOCENTI

26 — Bergerie.

Haut., 34 cent.; larg., 47 cent.

INNOCENTI

27 — Scène d'intérieur en Italie.

Haut., 23 cent.; larg., 31 cent.

INNOCENTI

28 — Le Repos du modèle.

Haut., 21 cent.; larg., 13 cent.

JACOB

(STEPHEN)

29 — Jeune fille assise.

Haut., 43 cent ; larg., 33 cent.

JACQUET

30 — Tête de femme.

Haut., 42 cent.; larg., 35 cent.

JONGHE

(G. DE)

31 — Dame et jeune fille à l'église.

Haut., 93 cent.; larg., 61 cent.

JOURDAIN

32 — Le Télégramme.

Haut., 38 cent.; larg., 45 cent.

KNYFF

(ALFRED DE)

33 — Paysage avec bestiaux.

Haut., 51 cent.; larg., 33 cent.

LANGLET

34 — L'Embuscade.

Haut., 84 cent.; larg., 53 cent.

LECADRE

(C.)

35 — Le Jour de fête.

Haut., 45 cent.; larg., 51 cent.

LEIKERT

36 — Marine.

Haut. 54 cent.; larg., 40 cent.

METZMACHER

(C.)

37 — La Servante indiscrète.

Haut., 90 cent.; larg., 50 cent.

MICHETTI

(F.-P.)

38 — Printemps et amour.

Cadre en bois sculpté fait par l'artiste.
Exposition universelle.

Haut., 19 cent.; larg., 30 cent.

MIGNOT

39 — Paysage. — Coucher du soleil.

Haut., 40 cent.; larg., 32 cent.

MONZIÈS

40 — Le Seigneur et le Jardinier.

Haut., 42 cent.; larg., 65 cent.

PALIZZI

41 — Paysage avec vaches.

Haut., 31 cent.; larg., 45 cent.

PASINI

42 — Chasse au désert.

Haut., 19 cent.; larg., 14 cent.

PÉCRUS

43 — Le Coin du feu.

Haut., 1 m.; larg., 82 cent.

PERRACHON

(A.)

44 — Roses.

Haut., 42 cent.; larg., 25 cent.

PILS

45 — Mendiants.

Haut., 16 cent.; larg., 12 cent.

PLASSAN

46 — Femme à l'éventail.

Haut., 16 cent.; larg., 12 cent.

PLASSAN

47 — La Brodeuse

PLASSAN

48 — Femme à sa toilette.

Haut., 15 cent.; larg., 10 cent.

RENOUF

49 — Marine.

Haut., 65 cent.; larg., 81 cent

RICHET

(L.)

50 — Paysage.

Haut., 37 cent.; larg., 52 cent.

RICHET

(L.)

51 — Paysage.

Haut., 40 cent.; larg., 51 cent.

RICHET

(L.)

52 — Paysage.

Haut., 44 cent.; larg., 61 cent.

ROUSSEAU

(P.

53 — Cour de ferme.

Haut., 56 cent.; larg. 48 cent.

ROYBET

(F.)

54 — Buste d'homme.

Haut., 35 cent.; larg., 28 cent.

SAINTE-MARIE

55 — Chevaux à l'écurie.

Haut., 30 cent.; larg., 43 cent.

SERRES

(DE)

56 — Fleurs.

Haut., 55 cent.; larg., 65 cent.

SERRES

(DE)

57 — Fleurs.

Haut., 45 cent.; larg., 55 cent.

STEVENS

(ALFRED)

58 — Jeune femme tenant un bouquet.

Haut., 26 cent.; larg., 22 cent.

STEVENS

(ALFRED)

59 — La Délaissée.

Collection Suermondt.

Haut., 27 cent.; larg., 22 cent.

TOULMOUCHE

(A.)

60 — Buste de jeune femme.

Haut., 23 cent.; larg., 20 cent.

TROYON

61 — Vaches.

Etude provenant de la vente de l'artiste.

Haut., 69 cent.; larg., 55 cent.

ULMANN

62 — Les Sonneurs de Nuremberg.

Haut., 85 cent.; larg., 52 cent.

VAN BRÉE

63 — La Jeune mère.

Haut., 55 cent.; larg., 40 cent.

VERWÉE

64 — Intérieur.

Haut., 61 cent.; larg., 46 cent.

VILLEGAS

65 — Plage avec figures.

Haut., 18 cent.; larg., 26 cent.

VUILLEFROY

66 — Femme en toilette de bal.

Haut., 90 cent.; larg., 55 cent.

WINDMAYER

67 — Paysage d'hiver.

Haut., 24 cent.; larg., 22 cent.

WEBER

(C.)

68 — Marée basse à Blankenberghe.

Haut., 55 cent.; larg., 27 cent.

WYLD

69 — Marine.

Haut., 41 cent.; larg., 65 cent.

ZIEM

70 — Vaches à l'abreuvoir.

Haut., 65 cent.; larg., 50 cent.

www.ingramcontent.com/pod-product-compliance
Ingram Content Group UK Ltd.
Pitfield, Milton Keynes, MK11 3LW, UK
UKHW022150260726
13993UKWH00005B/2283

9 782329 542751